LETTRE

DE MM.

VOISCLAIR & BONSENS

AUX

Électeurs de la Campagne

Prix : 0 Fr. 30

SAINT-DIZIER
P. HENRIOT & GODARD
IMPRIMEURS-EDITEURS

1880

LETTRE

DE MM.

VOISCLAIR & BONSENS

AUX

Électeurs de la Campagne

Prix : 0 Fr. 30

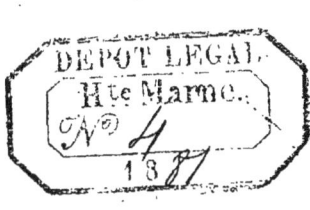

SAINT-DIZIER

P. HENRIOT & GODARD

IMPRIMEURS-EDITEURS

1880

LETTRE DE

MM. VOISCLAIR & BONSENS

aux Électeurs de la Campagne.

Chers Électeurs :

Depuis longtemps je parcours la France en compagnie de M. Voisclair, médecin-oculiste très-distingué, qui s'est acquis une grande réputation dans l'art difficile de guérir les infirmités de la vue.

Je m'appelle Bonsens, et je dois à mon nom de famille la faveur d'accompagner ce médecin célèbre.

Nous avons vu dans nos excursions bien des hommes et bien des choses; nous avons soigné bien des infirmités, surtout la veille des élections où les ouvriers, nos seuls clients, se pressaient sous notre tente hospitalière en nous priant de rendre leur vue plus claire et plus nette.

Aussi, depuis la publication du décret qui fixe les Élections municipales au 9 janvier 1881, avons-nous reçu de tous les points de la France de nombreuses correspondances par lesquelles nos clients nous demandent de vouloir bien encore soigner leur vue.

Cette marque de confiance nous impose le devoir de vous donner des conseils pour mieux voir la vérité, qui éclaire, et mieux reconnaître les masques sous lesquels s'abrite le mensonge, qui obscurcit et trouble ; en un mot notre réputation nous commande de vous dire à quels hommes vous devez confier le mandat de conseiller municipal.

D'abord nous vous prévenons que nous avons eu l'occasion, dans nos tournées, de donner nos soins à des aristocrates qui, pour les besoins de la cause, essayaient de nous faire croire qu'ils ne voulaient plus regarder de travers les ouvriers, et que nous n'avons jamais obtenu de cure complète. C'est qu'en effet on ne change pas du jour au lendemain les sentiments ; l'éducation les a faits tels, tels ils dureront. Depuis que la révolution de 1789 a sevré ces types de seigneurs hautains, de tous les abus de l'ancien régime, leur ressource unique est de prendre des masques et de chercher de la popularité. Mais le bout de leurs oreilles, qui perce toujours, les fait reconnaître facilement. Aujourd'hui, les ouvriers que nous avons soignés, et dont nous conservons les nombreux témoignages de reconnaissance, ont un clair instinct de leurs meilleurs intérêts et savent à quoi s'en tenir sur le mérite des petits seigneurs de village qui s'en vont jour et nuit et par tous les temps, mendier les suffrages des électeurs.

Ne choisissez donc pas vos conseillers parmi ces gens aristocrates, qui dans vos villages ont l'air de pachas ou de sultans, lors même qu'ils feraient battre à son de caisse qu'ils sont des libéraux sincères : vous seriez dupes de votre bonne foi. Ils vous salueront aujourd'hui, vous offriront une poignée de mains, bavarderont comme des pies sur vos intérêts, qu'ils dédaignent le reste du temps, et se présenteront à vous sous des dehors simples et populaires. C'est pour avoir votre voix ; car le lendemain de l'élection ils passeront près de vous comme près d'un arbre ou d'une borne, et ils se dresseront sur leurs ergots chaque fois que vous leur ferez entendre vos plaintes et que vous leur demanderez justice. Comme ils n'ont plus besoin de vous, ils reprendront bien vite leurs manières d'aristocrates et ils ne vous écouteront plus. Ils s'en donneront à leur aise pour vous vexer et au besoin pour exercer leurs rancunes malgré vous. Ils se soucieront peu de prendre conseil près de vous pour travailler à vos intérêts ; ils vous sèvreront à leur tour des libertés dont vous aurez pu jouir et vous retomberez infailliblement sous le talon de leurs bottes et la lanière de leurs cravaches.

Bien mieux que cela, quand vous irez tirer le cordon de leur sonnette pour solliciter un service quelconque, vous recevrez la plupart du temps cette réponse seigneuriale : « Monsieur n'est pas là, il est sorti (pour ne pas vous dire qu'il est à dîner et que vous êtes bien hardis, vous, roturiers, de venir troubler le travail de sa digestion laborieuse), ou bien celle-ci : « Monsieur ne peut vous recevoir maintenant, il a de la visite, à plus tard. » — « Quand faudra-t-il revenir, demanderez-vous en tremblant ou en balbutiant le plus françaisement possible ? » — « Je ne sais pas, vous répliquera-t-on, Monsieur n'a pas dit où il allait ni quand il rentrerait. » — Et, les regrets dans l'âme, les larmes aux yeux, la plainte indignée sur les lèvres, vous retournerez chez vous comme autrefois Jacques Bonhomme au retour d'une corvée.

Chez l'ouvrier, l'enfant du peuple, c'est bien différent : pas d'étiquette hautaine, pas d'exigences vexatoires, c'est la simplicité, la bonhomie, la franchise même. On vous recevra poliment, sincèrement, que vous soyez en blouse ou en sabots ; on vous offrira une chaise et on vous priera de vous placer près du feu, on s'intéressera à votre famille, à votre travail, à vos occupations, à vos intérêts enfin ; on se gardera bien de vous faire attendre sur le seuil de la porte ou dans la cour du jardin, on ne trouvera pas le temps long que vous soyez bien ou mal chaussés, propres ou crottés, on vous mettra à votre aise ; vous parlerez votre langage familier, et on vous répondra franchement : vous ne recevrez pas de ces réponses qui n'en sont point, de ces observations ambiguës qui ne signifient pas grand'chose, ni de ces considérations hautaines, qui ne considèrent que votre infériorité et votre pauvreté : enfin on vous rendra service.

Parce que chez l'ouvrier, les abus de l'ancien régime n'ont jamais pénétré et n'ont jamais fait élection de domicile ; parce que chez l'enfant du peuple on professe le respect du travailleur, on aime le travailleur avec lequel on fraternise ; parce qu'enfin on sait chez l'ouvrier que la révolution de 1789 a fait de tous les français des hommes libres, des citoyens égaux devant une loi commune, fondée sur le droit et la justice, et non pas soumise, comme un jouet, aux caprices des grands et des puissants.

Oublieriez-vous donc, chers électeurs, que nos pères, à qui nous devons nos libertés, ont lutté avec l'énergie du désespoir contre le despotisme et l'esclavage, et ne craindriez vous pas de remuer leurs cendres glorieuses au fond du tombeau en donnant d'un cœur léger vos suffrages aux descendants ou aux partisans de ceux qu'ils ont combattus? Autrefois les ouvriers formaient l'avant-garde du parti populaire ; par leur intelligence et leur travail ils en forment aujourd'hui l'âme, le pivot. Vous ne vous remettrez donc pas la chaîne aux pieds, ni le mors à la bouche, et vous voterez pour des ouvriers, enfants du peuple.

Examinez ce qui se passe dans les villages : les quelques aristocrates n'y sont pas sincèrement religieux, ils n'aiment la religion et le prêtre que pour la forme. Pour arriver à mieux vous dominer et à vous conduire plus sûrement suivant leurs fantaisies, ils donnent la main aux curés et aux cléricaux, qu'ils haïssent et qu'ils tournent en ridicule, et tous s'entendent comme maquignons en foire pour réduire votre influence à rien, pour vous diviser et vous empêcher de vous gouverner ou de vous administrer vous-mêmes. C'est là une preuve incontestable de leur fourberie et de leurs calculs égoïstes. Cette poignée de mains que l'aristocratie et le clergé se donnent dans l'ombre, doit vous ouvrir les yeux. Quand on agit honnêtement, on recherche le grand jour et on fuit l'obscurité. Les trames ourdies contrairement à ce principe sont coupables et intéressées, elles sont toutes opposées aux intérêts des ouvriers. Jamais vous ne connaîtrez les motifs de cette alliance d'occasion, parce que ces gens là n'ont pas pour habitude de dire ce qu'ils pensent ; leur intérêt commun leur commande de déguiser leurs pensées pour vous tromper: ils veulent rester vos maîtres.

D'un autre côté, voyez à quels hommes ils font appel pour arriver au pouvoir : aux mécontents de tous les partis, qu'ils enrôlent sous leur drapeau et qu'ils conduisent en mesure et au pas de charge au scrutin. Croyez-vous que l'intérêt de ces mécontents soit bien l'intérêt de leurs meneurs, et que tous ces conspirateurs agissent dans l'intérêt et pour l'intérêt général ? Non, n'est-ce pas. Pourvu qu'ils puissent arriver à bouleverser ce qui existe, à semer le désordre, à multiplier les divisions, à attiser les haines et les rancunes, à aigrir les esprits, à les surrexciter et au besoin les pousser à des actes illégaux et criminels, périsse la commune, périsse le pays plutôt que leurs rancunes, telle est leur devise. Ces coteries ne forment pas un parti sérieux, parce qu'elles sont composées d'éléments hostiles qui se groupent pour la circonstance et qui se séparent aussitôt, et ce que vous croyiez un parti n'était qu'une conspiration. C'est tout simplement une Comédie qui se joue aux dépens de votre naïveté. Ces gens là ne sont pas républicains, ils n'aiment pas les ouvriers, ils les considèrent comme des machines à voter, et ils travaillent en conséquence pour s'en servir et les tromper. Ces meneurs s'imaginent que les Electeurs sont faits pour servir les hommes et non pas pour servir le pays, qu'ils sont des mercenaires créés uniquement pour être au service de l'esprit de parti, qu'ils ont la vue trouble et ne voient pas clair. Pour ces meneurs, le suffrage universel a été octroyé au peuple pour le bon plaisir des grands ; le cabaret doit remplacer les réunions publiques, et la boisson, les raisonnements et les discussions.

Croyez-vous sérieusement que c'est par de tels moyens qu'on persuade et qu'on éclaire ? Non, vous êtes assez intelligents et honnêtes pour reconnaître vos vrais amis, qui vous aiment et qui éprouvent du plaisir à vous rendre service, des faux amis d'occasion qui ne vous aiment que pour mieux vous tromper et vous dominer.

La République est le gouvernement de tous par tous,

c'est le gouvernement des ouvriers, des travailleurs, c'est le peuple-roi, le peuple souverain. Vous ne serviriez pas la République en bons bons citoyens en nommant des gens pareils à ceux que nous vous signalons ; vous serviriez tout bonnement les ennemis de la République démocratique qui s'en vont par tous les chemins, recruter des partisans, rallier des mécontents, pour les lancer à l'assaut de notre gouvernement républicain, que vous avez tout intérêt à soutenir.

Dans certain village on nous signale un meneur qui n'est ni républicain, ni monarchiste, ni catholique, ni libre-penseur, qui n'est rien, qui est tout simplement amateur d'argent, d'honneur, de despotisme, et dont l'intérêt personnel est la seule boussole dirigeant ses opinions. Il est tout ce que l'on voudra, radical le matin, clérical à midi, bonapartiste le soir et communard en se couchant. Il se dit républicain, il ne l'est pas ; il mérite l'oubli.

Choisissez des hommes indépendants, qui ne soient liés ni à la cure ni au château ; choisissez des hommes honnêtes, sérieux et républicains. Ne votez pas pour ceux qui se laissent conduire par leurs femmes, car la plupart de ces dernières vont prendre le mot d'ordre au presbytère pour diriger les opinions et soumettre les volontés de leurs maris, et ce n'est pas à des femmes, mais bien à des hommes, que vous entendez déléguer vos pouvoirs. Ne votez pas pour ceux qui ont contracté des obligations au château : ils ne sont pas libres et dès que vos intérêts seront en opposition avec ceux du château, ils soutiendront ces derniers et ne défendront point les vôtres ; leurs intérêts et ceux du château sont intimes et ne font qu'un. Ces hommes-là sont les serviteurs très-humbles de l'aristocrate ou du curé ; pour vivre, il sont forcés de courber le front devant les injonctions de leurs maîtres, ce sont de véritables serfs qui ne peuvent discuter librement même leurs intérêts, ils ne sont pas affranchis.

Pour bien composer votre conseil municipal prenez modèle sur la constitution républicaine de la France. Les intérêts de tous sont entre les mains de deux chambres : le Sénat et la Chambre des Députés. La Chambre des Députés est composée en grande partie de jeunes députés pleins d'énergie et de convictions, heureux de pouvoir donner au peuple des marques de sympathie en réformant ou en redressant les abus qui pèsent encore sur lui ; ces députés sont doués d'une initiative intelligente et réformatrice, féconde et excellente en tous points. Le Sénat, composé en grande partie de vieillards, délibère sur les actes de la Chambre des députés et rejette les actes qui lui paraissent trop précipités. La Chambre des Députés, irait peut-être trop vite en besogne sans le Sénat ; de même le Sénat n'irait pas assez vite sans la Chambre des Députés ; toutes les deux sont indispensables l'une à l'autre pour constituer une bonne représentation nationale. Eh bien ! faites entrer dans votre Conseil des jeunes gens de 25 à 30 ans, et des hommes d'un certain âge déjà au courant des affaires municipales. Les premiers prendront l'initiative de réformes que les seconds examineront, et contre l'exagération desquelles ils pourront opposer leur expérience, si besoin est. Ces jeunes gens appartiennent à la nouvelle école et ont respiré un air libéral et républicain ; il importe de les initier le plus tôt possible aux affaires publiques pour en faire plus tard de bons administrateurs. Ils sont célibataires pour la plupart, et n'en sont que plus libres ; ils sont animés d'un sincère amour de la paix et de la tranquillité, et offrent toutes les garanties de justice et d'honnêteté. Vous appliquerez ainsi à votre conseil municipal l'esprit constitutionnel de notre gouvernement républicain.

Nous ne cesserons donc de vous répéter : Ne votez pas pour ces faux-républicains, menteurs, brouillons, qui brouillent les affaires et embrouillent les gens, qui ne rêvent que chicanes, désordre et divisions, et dont les intentions sont hostiles à la République. Vous ne pouvez vouloir ces gens-là et la République à la fois ; entre eux et la République il y a un abîme. Ils veulent faire de la République un marche-pied pour ressusciter les anciens abus, vous opprimer et garder les libertés pour eux.

On appelle vulgairement ces hommes-là des girouettes ; ils conviendraient fort bien pour aller sur les foires débiter leurs boniments divers; là ils pourraient à leur aise changer de costumes et d'opinions ; ici, ils crieraient qu'ils sont républicains, là qu'ils sont monarchistes, à droite qu'ils sont blancs, à gauche qu'ils sont rouges. Vous n'êtes pas sans en avoir vus à l'œuvre dans votre localité, de ces hommes multicolores à qui les ouvriers plaisent aujourd'hui et déplaisent demain. Après s'être déclarés républicains à tout casser, dévoués au peuple, ils ont fait, dans un village, au bout de quelque temps, volte-face à droite, c'est-à-dire qu'ils ont fait le contraire de ce qu'ils avaient promis ; ils avaient concédé un avantage de la main droite, vite ils en ont retiré le double de la main gauche. Ils avaient donné la gratuité des Ecoles, ils l'ont non-seulement retirée, mais ils ont forcé les pères de famille à payer 15 fr. de rétribution scolaire pour ne pas s'imposer de quelques centimes, dont le produit qui ne devait pas dépasser 290 fr. aurait assuré à la Commune une subvention annuelle de l'Etat d'un millier de francs. Ne nous parlez pas du dévouement de gens pareils, qui n'en connaissent pas la première lettre ; ce sont des gens qui marchandent l'instruction aux enfants, (il est vrai qu'ils n'ont pas d'enfants). Eux, possédant une bonne fortune qui ne les rend pas meilleurs pour cela, s'inquiètent fort peu de vos besoins et des besoins généraux. Pour eux, l'intérêt public, c'est l'intérêt de leurs personnes ; la loi, c'est leurs caprices ; le dévouement, c'est leur appétit. Mais le chef meneur avait commandé, ses complaisants s'étaient empressés d'obéir ; et les ouvriers en ont souffert en 1880, et en souffriront encore en 1881. Voyez-vous clair maintenant ? Le moment est bien choisi, ce nous semble, pour remercier définitivement ces gens brouillons qui prétendent mettre leur nez dans vos affaires pour les rendre plus mauvaises. Ne croyez donc plus à leurs déclarations mensongères et soyez moins naïfs qu'autrefois. Voyez un peu plus clair, c'est M. Voisclair qui vous le dit ; réfléchissez bien à vos intérêts, c'est M. Bonsens qui vous y engage. Suivez nos conseils et vous vous en trouverez bien. Nous ne sommes pas de ceux qui vous méprisent et qui ont intérêt à vous tromper ; nous sommes enfants de paysans, ouvriers comme vous ; nous vivons au milieu du peuple travailleur que nous avons appris à aimer et que nous aimons sincèrement. Ceux contre qui nous vous prions de vous mettre en garde, sont habitués à mentir, et quand par hasard, ils sortent de leurs habitudes, c'est par étourderie.

Voulez-vous, pour terminer notre lettre, que nous vous donnions un échantillon de ce républicanisme d'occasion dont certains ambitieux font parade la veille des élections.

Si nos correspondants n'ont pas été induits en erreur, voici un fait qui ne serait pas passé loin de chez vous.

Depuis longtemps un aristocrate de naissance obscure convoitait le pouvoir. Pour faire réussir son ambition, il avait tout mis en œuvre (excepté sa générosité qui s'enduroit sous notre climat). Ses déclarations étaient des plus libérales ; il parlait sans cesse des ouvriers et se faisait précéder de la Renommée aux cent bouches, qui annonçait aux mortels de la commune que son protégé était un républicain comme on n'en avait jamais vu, un républicain curieux à voir...... à l'œuvre...... publique. Il se serait volontiers déguisé en ouvrier pour mieux sympathiser avec le peuple, lorsqu'un événement le porta subitement à la première magistrature de la commune. « Tout par les ouvriers et pour les ouvriers », c'était là son rêve ; « vivent les ouvriers et la République » c'était là son ramage habituel.

Il résolut un jour de donner à ses administrés, dont il se croyait le bien-aimé, une preuve éclatante de son amour et de son dévouement à la chose.... publique. Les sangliers ravageaient les récoltes et répandaient la terreur. Nemrod réputé à dix lieues à la ronde pour la justesse et la rapidité du tir, il organisa des battues auxquelles il convia les ouvriers qui l'avaient unanimement élevé au faîte des honneurs. Tous répondirent à son appel et s'offrirent comme rabatteurs.

Il arriva à ce Nemrod fortuné de surprendre plusieurs sangliers endormis ; il les réveilla doucement en leur caressant l'échine, et leur souffla dans l'oreille gauche que « leur vie lui était nécessaire pour mettre le comble à sa popularité et léguer à sa commune un gage éternel de son désintéressement, que les dieux l'avaient ainsi décidé ». Les bêtes noires se résignèrent et le sacrifice fut prestement consommé. Le partage des dépouilles en fut bien vite projeté. De la forêt à la plaine on n'entendait que chants et cris divers ; comme autrefois à la suite du roi David rentrant d'une victoire, la foule criait :

« Il en a tué trois ! les autres n'en ont tué qu'un ! vive monsieur le Maire ! vive notre sauveur bien-aimé, notre seigneur républicain ! Nous ne sommes pas ses sujets, nous sommes ses frères ! »

Près de la demeure royale du triomphateur démocrate, les victimes furent étendues et dépouillées, et la troupe des rabatteurs fit le cercle. M. le Maire prit sa balance, son couteau de chasse, son tablier de boucher d'occasion, et fit trois parts.

« La première, dit-il, m'appartient comme chef de la municipalité ; la seconde me revient également comme organisateur des battues, et à cela on n'a rien à dire ; la troisième que j'avais un instant songé à vous accorder me doit échoir encore comme étant le roi et le plus vaillant de la troupe. Je la salerai, ajouta-t-il, et je la conserverai de manière à vous déranger moins souvent, et je pense que vous serez satisfaits ; d'ailleurs, vous n'avez pas encore mangé de cette chair sauvage, vos mâchoires ne s'y prêteraient que difficilement, vos femmes ne sauraient la faire cuire et je craindrais qu'elle ne vous occasionnât une indigestion, toujours funeste à la suite d'une journée de fatigues et de courses. Les intestins mêmes m'appartiennent ; j'en ferai des andouillettes, et je vous promets de vous dire à tous si je les ai trouvées bonnes. Retournez chacun chez vous ; mes chiens aboient pour avoir leur part de la curée et j'ai hâte de les servir. Au revoir, mes chers administrés, et bonne nuit. Si les sangliers continuent leurs ravages, ne craignez point de venir me retrouver, je suis entièrement à vous ; vivent les ouvriers ! »

Les pauvres rabatteurs, qui ne s'attendaient pas à ce partage de lion, s'en retournèrent les mains et la figure ensanglantées, la blouse et le pantalon déchirés par les épines, non sans songer à la générosité singulière de leur maire qui venait de les traiter en vrais esclaves. Sans doute que le rôt de sanglier plut à M. le Maire, car, quelque temps après, il organisa de nouvelles battues, et, devinant un refus chez ses sujets mécontents, il leur adressa une réquisition de le suivre en campagne, au nom de la loi et de l'intérêt public. Les Jacques se révoltèrent, paraît-il, contre un despotisme aussi brutal, aussi écœurant, et ils commencèrent par crier hautement contre celui que naguère, dans un moment d'éclipse de soleil, ils proclamaient le sauveur des ouvriers, le protecteur des faibles. Le désordre était à tel point que plusieurs crurent que la terre ne tournait plus dans le même sens et que le monde était retourné d'un siècle en arrière, sous l'ancien régime, le régime des hobereaux et des serfs. Au nom de la loi, Monsieur le Maire, irrité d'une désobéissance pareille, fit dresser procès-verbal contre les rebelles, qui, traduits en simple police, furent condamnés à 5 fr. d'amende en vertu d'un arrêt de Louis XIV, le roi absolu et despote dont les abus et les injustices avaient amené la révolution. S'il n'arriva pas à ces malheureux ouvriers de faire connaissance avec la correctionnelle, c'est que la magistrature trouva les procédés du seigneur-maire peu généreux et beaucoup trop seigneuriaux. C'est alors qu'il donna sa démission pour rentrer dans la vie privée.

Il avait eu beau crier de toutes ses forces qu'il était un vrai républicain démocrate ; il ne pouvait le prouver : ses actes étaient en contradiction avec ses déclarations. Il avait voulu aimer le peuple ; il n'avait pu que s'en faire détester. Il voulait voir plus clair que les ouvriers, et il était atteint de cécité intellectuelle. Son aveuglement éclairait les ouvriers, et son ignorance les instruisait.

Ne vous contentez donc pas de déclarations ; exigez des

actes. N'examinez ni la mine ni les gestes de ceux qui sollicitent vos suffrages, examinez leur passé et jugez leurs actes; s'ils sont réellement républicains, dévoués à la République, leurs actes antérieurs en sont l'unique et la meilleure preuve. Le républicain ne prêche pas son républicanisme, il l'affirme par ses actes.

Que valent des promesses qui ne seront pas éxécutées ? Rien. Que valent des faits qui n'ont pas été promis ? Tout. La vérité, la lumière se trouvent dans le passé ; le mensonge, la fourberie s'abritent dans l'incertitude de l'avenir.

Soyez sévères dans vos choix ; ne vous laissez pas guider par la camaraderie ni par le bon voisinage : un bon camarade, un bon voisin peut-être un mauvais républicain.

Serrez vos rangs et ne vous laissez pas entamer par l'aristocratie et le clergé ligués contre la république. Rappelez-vous ces vers de Lafontaine :

« Laissez-leur prendre un pied chez vous,
Ils en auront bientôt pris quatre. »

Nous attendons avec confiance, chers Electeurs, le résultat de nos bons soins.

Saluts fraternels.

VOISCLAIR ET BONSENS.

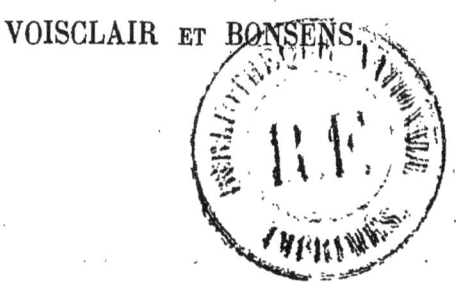

www.ingramcontent.com/pod-product-compliance
Lightning Source LLC
Chambersburg PA
CBHW061623040426
42450CB00010B/2639